ÍNDICE

Las partes y piezas de Ayanna 4

Retos y éxitos 8

Construcciones biónicas y más allá 12

Línea del tiempo 21

Glosario..22

Índice analítico 23

Preguntas relacionadas al texto.............. 23

Actividad de extensión 23

Acerca de la autora y la ilustradora 24

LAS PARTES Y PIEZAS DE AYANNA

Ayanna Howard creció en California, en los Estados Unidos. Sus papás eran **ingenieros**. Trabajaban juntos y tenían su propio negocio. La casa de Ayanna siempre estaba repleta de partes de máquinas, como cables, circuitos e interruptores. Le gustaban los juguetes que tenían partes con las que podía construir.

Ayanna
HOWARD
DE STEPHANIE ANNE BOX
ILUSTRADO POR ELENA BIA
TRADUCCIÓN DE PABLO DE LA VEGA
Rourke®
MUJERES EN LA CIENCIA Y LA TECNOLOGÍA

ANTES Y DURANTE LAS ACTIVIDADES DE LECTURA

Antes de la lectura: *Desarrollo del conocimiento previo y del vocabulario*

Establecer el conocimiento previo puede ayudar a los niños a procesar nueva información y a ampliar la que ya conocen. Antes de leer un libro, es importante explorar lo que ya saben los niños acerca del tema. Esto los ayudará a desarrollar su vocabulario e incrementar su comprensión de la lectura.

Preguntas y actividades para establecer el conocimiento previo:

1. Ve la portada del libro y lee el título. ¿De qué crees que trata este libro?
2. ¿Qué sabes sobre este tema?
3. Hojea el libro y echa un vistazo a las páginas. Ve el índice, las fotografías, los pies de foto y las palabras en negritas. ¿Estas características del texto te dan información o ayudan a hacer predicciones acerca de lo que leerás en este libro?

Vocabulario: *El vocabulario es la clave para la comprensión de la lectura*

Use las siguientes instrucciones para iniciar una conversación acerca de cada palabra.

- Lee las palabras del vocabulario.
- ¿Qué te viene a la mente con cada palabra?
- ¿Qué crees que significan?

Palabras del vocabulario:
- avanzadas
- curiosa
- ingenieros
- innovaciones
- persuadir
- robótica
- software
- título

Durante la lectura: *Leer para entender y conocer los significados*

Para lograr una comprensión profunda de un libro, se incentiva a los niños a que usen estrategias de lectura detallada. Durante la lectura, es importante hacer que los niños se detengan y establezcan conexiones. Esas conexiones darán como resultado un análisis y entendimiento más profundo de un libro.

Lectura detallada de un texto

Durante la lectura, pida a los niños que se detengan y hablen acerca de lo siguiente:

- Partes que sean confusas.
- Palabras que no conozcan.
- Conexiones en relación al texto, a sí mismos y al mundo.
- La idea principal de cada capítulo o sección.

Invite a los niños a usar pistas del contexto para determinar el significado de las palabras que no conozcan. Estas estrategias los ayudarán a aprender a analizar el texto más minuciosamente mientras leen.

Cuando termine de leer este libro, vaya a la penúltima página para ver las **Preguntas relacionadas al texto** y una **Actividad de extensión**.

Ayanna era **curiosa**. Le gustaba descubrir cómo funcionaban las cosas. Su programa favorito se llamaba *La mujer biónica*. Trataba de una mujer que era parte humana, parte robot. ¿Eso era posible? Soñaba con diseñar su propia mujer biónica algún día.

La mujer biónica
El personaje principal del programa había estado
en un accidente y había sido reconstruida con
partes robóticas. Sus piernas y su brazo robótico
le daban poder para salvar gente.

RETOS Y ÉXITOS

A Ayanna le gustaba la escuela. Era buena en Matemáticas y amaba los números. Ayanna tomaba clases **avanzadas** de Matemáticas que no se le ofrecían a nadie más de su edad. Sus compañeros le decían «la niña inteligente».

En la secundaria, una maestra le pidió a Ayanna que considerara
convertirse en ingeniera. No estaba segura de querer ser como sus
papás. Ayanna seguía soñando con construir una mujer biónica.

Ayanna terminó estudiando Ingeniería en la universidad. Sus clases de ingeniería se le dificultaban, pero amaba las clases de **robótica**. A veces, dudaba de sus habilidades. Su madre le recordaba: «Confía en ti misma. Piensa en lo que tienes que hacer para poder competir».

Ayanna nunca se dio por vencida. Se graduó en la universidad con un **título** de Ingeniería. Incluso, obtuvo una maestría y un doctorado en Ingeniería. Fue fiel a sus palabras: «No te dejes **persuadir** de que no puedes. Ten presente que encontrarás adversidades, pero enfréntalas y sigue adelante a pesar de ellas».

Veranos en el Laboratorio de Propulsión a Chorro (JPL, por sus siglas en inglés)
Ayanna trabajaba en un laboratorio no muy lejos del lugar donde vivía. Investigaba cosas sobre las que tenía curiosidad. El JPL es parte de la NASA, la Administración Nacional de Aeronáutica y el Espacio.

CONSTRUCCIONES BIÓNICAS Y MÁS ALLÁ

El sueño de Ayanna de construir robots se hizo realidad cuando fue contratada para dirigir un equipo de científicos en la NASA.

Su equipo estaría a cargo de hacer un robot que sería enviado a Marte. Tenían que lograr que este robot fuera capaz de pensar por sí mismo y encontrar soluciones a los problemas que enfrentaría.

En su primer día de trabajo en la NASA, un hombre mayor la miró y le dijo: «Las secretarias no están aquí. Cambiaron el lugar de la reunión al otro lado del pasillo». Ayanna encontró fuerzas, sonrió, le dio la mano y se presentó. Le dijo: «Soy la doctora Ayanna Howard, usted estará trabajando para mí en este proyecto».

Ayanna siguió trabajando en la NASA. Ayudó a la creación de un *software* para estudiar el espacio. También ayudó en la creación de drones que pudieran volar sobre glaciares, obtener información y mandarla. Ayanna estaba haciendo no sólo una diferencia en el mundo sino más allá.

Pero también quería hacer una diferencia con la gente. Ayanna se mudó al otro lado del país, a Atlanta, Georgia. Se convirtió en profesora de Georgia Tech. Compartió con sus estudiantes el amor por la ingeniería. Aprendió más sobre robots.

Ayanna era parte de un nuevo proyecto en Georgia Tech. Con su equipo, creó un robot que ayudaba a niños con discapacidad a practicar sus terapias físicas en casa. Con la ayuda del robot, los niños podían hacerse más fuertes, aun cuando no tuvieran un terapeuta con ellos. ¡Ayudar a los niños era emocionante!

Ayanna sabía que estaba haciendo una diferencia con los niños. Se sentía bien del trabajo que hacía. Siguió haciéndolo. Ayanna fundó su propia compañía, llamada Zyrobotics para compartir con los niños su amor por los robots.

Una compañía propia

Zyrobotics ofrece recursos educativos para niños en Ciencia, Tecnología, Ingeniería y Matemáticas (STEM, por sus siglas en inglés). Ayanna y su equipo crearon libros, juguetes y juegos para entusiasmar a los jóvenes con las materias de STEM.

El sueño de la Dra. Ayanna Howard de ayudar a la gente y al mundo a través de robots se convirtió en una realidad. «Me gustaría ser recordada como alguien que cambió al mundo gracias a sus investigaciones e **innovaciones**. Alguien que cambió al mundo con su sabiduría».

LÍNEA DEL TIEMPO

1972: Ayanna Howard nace en Providence, Rhode Island, el 24 de enero.

1974–1975: La familia de Ayanna se muda a Altadena, California.

1989: Ayanna se gradúa de la secundaria en Pasadena, California.

1990: A los 18 años, Ayanna comienza un internado en el Laboratorio de Propulsión a Chorro (JPL) de la NASA y sigue trabajando ahí hasta después de haber terminado la universidad.

1993: Ayanna se gradúa con una licenciatura de Ciencias en Ingeniería de la Universidad Brown.

1994: Ayanna se gradúa de la maestría en Ciencias en Ingeniería Eléctrica de la Universidad del Sur de California.

1999: Ayanna se gradúa del doctorado de Ingeniería Eléctrica de la Universidad del Sur de California y comienza a trabajar de tiempo completo en el JPL.

2005: Ayanna se gradúa de la maestría en Administración de Empresas de la Universidad de Posgrados de Claremont, y se une a la facultad del Instituto de Tecnología de Georgia como profesora de Ingeniería y Robótica.

2010: Ayanna es nombrada presidenta del doctorado en Robótica de Georgia Tech.

2013: Ayanna Howard funda la compañía de tecnología Zyrobotics, que ayuda a los estudiantes a desarrollar amor por el conocimiento de las materias de STEM.

GLOSARIO

avanzadas: Más difíciles o demandantes.

curiosa: Deseosa de conocer o aprender acerca de algo.

ingenieros: Personas entrenadas para diseñar y construir máquinas o estructuras.

innovaciones: Ideas nuevas o invenciones.

persuadir: Hacer que alguien haga o crea en algo dándole buenas razones.

robótica: La ciencia del diseño, manufactura y uso de los robots.

***software*:** Programas de computadora que controlan el equipo y le dicen qué hacer.

título: Un certificado que la universidad da a sus estudiantes.

ÍNDICE ALFABÉTICO

Administración Nacional de Aeronáutica y el Espacio (NASA): 11, 12, 13, 14

Ciencia, Tecnología, Ingeniería y Matemáticas (STEM): 19

Georgia Tech: 15, 16

Laboratorio de Propulsión a Chorro (JPL): 11

Marte: 13

Mujer Biónica: 6, 7, 9

robot(s)/robótica(o, s): 6, 7, 10, 12, 13, 15, 16, 18, 20

PREGUNTAS RELACIONADAS AL TEXTO

1. ¿Qué programa de televisión inspiró en Ayanna su amor por los robots?
2. ¿Quién animó a Ayanna a convertirse en ingeniera?
3. ¿Qué planeta visitó el robot de Ayanna?
4. ¿Qué tenía que ser capaz de hacer el robot que Ayanna construyó para la NASA?
5. ¿Cuál es el nombre de la compañía de Ayanna enfocada en las materias de STEM?

ACTIVIDAD DE EXTENSIÓN

Piensa en los distintos tipos de robots que existen hoy en día. La tecnología robótica está en los teléfonos celulares, autos y aspiradoras. Piensa en una tarea que un robot te podría ayudar a realizar. ¿Qué haría? Explica los beneficios de que un robot haga esa tarea en lugar de una persona.

ACERCA DE LA AUTORA

Stephanie Anne Box es maestra de preescolar. Le encanta cantar y aprender de Historia. Vive en Mississippi con su marido, Josh, y un perro con manchas: Dudley. Está feliz de compartir contigo el primer libro que escribe.

ACERCA DE LA ILUSTRADORA

Elena Bia nació en un pequeño pueblo en el norte de Italia, cerca de los Alpes. En su tiempo libre, pone todo su corazón en hacer cómics. Le encanta caminar en la playa y a través del bosque. Para ella, las flores son la forma de vida más hermosa.

www.rourkebooks.com

Quote sources: "JPL's Bionic Woman: Dr. Ayanna Howard," NASA, August 8, 2002: https://www.nasa.gov/vision/universe/roboticexplorers/ayanna_howard.html; Meredith Rizzo, Madeline K. Sofia, "Being Different Helped A NASA Roboticist Achieve Her Dream," NPR, December 19, 2017: https://www.npr.org/2017/12/19/569474169/being-different-helped-a-nasa-roboticist-achieve-her-dream; Larry Crowe, "Ayanna Howard," The HistoryMakers TEST ScienceMakers Video Archive, April 15, 2011: http://www.idvl.org/ScienceMakers/iCoreClient.html#/&i=1575

Edición de: Hailey Scragg
Ilustraciones de: Elena Bia
Diseño de interiores de: Alison Tracey
Traducción al español: Pablo de la Vega
Edición en español: Base Tres

Library of Congress PCN Data

Ayanna Howard / Stephanie Anne Box
(Mujeres en la Ciencia y la Tecnología)
  ISBN 978-1-73165-835-7 (hard cover)
  ISBN 978-1-73165-834-0 (soft cover)
  ISBN 978-1-73165-836-4 (e-Book)
  ISBN 978-1-73165-837-1 (ePub)
Library of Congress Control Number: 2024946297

Rourke Educational Media
Printed in the United States of America
01-0342511937